MANUAL BÁSICO
PROGRAMACIÓN DE LA TARJETA TIVA C

J. L. Rey

Diego A. Vásquez

1.Contenido

2. Instalación

Instalar el software necesario en una computadora con Windows 7 para poder compilar, depurar y descargar en la tarjeta Tiva C de Texas Instruments los algoritmos desarrollados a lo largo del curso.

- Instalar drivers de la tarjeta Tiva C.
- Instalar Code Composer Studio 6.1.
- Instalar TivaWare.

Requerimientos

Los archivos y materiales necesarios para este laboratorio son:
- La carpeta "Software instalar" que contiene los siguientes directorios:
  - Drivers Tiva C
  - CCS_6_1
  - TivaWare
- Tarjeta Tiva C de Texas Instruments.

Procedimiento

a) Instalar Drivers.

Los drivers de la tarjeta Tiva C para programar y compilar son denominados "In Circuit Debug Interface" (ICDI). Para depurar y descargar una aplicación (custom application) en la memoria flash del microcontrolador y poder utilizar un puerto COM virtual, se deben instalar los siguientes drivers.

- Stellaris Virtual Serial Port
- Stellaris ICDI JTAG/SWD Interface
- Stellaris ICDI DFU

El directorio a utilizar en esta sección es Drivers Tiva C y contiene lo siguiente:

- Driver_Installation_Instructions.pdf
- spmc016a.zip

Descomprimir el archivo spmc016a.zip, se debe obtener el directorio "stellaris_icdi_drivers".

Pasos para la instalación

- Abrir la ventana de Administrador de dispositivos.

- Conectar la tarjeta con el cable USB en el conector marcado Debug, el switch también debe estar en la posición Debug.

- Se debe visualizar lo siguiente:

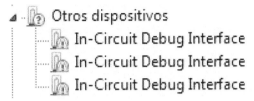

Figura 1: Drivers no instalados de la tarjeta.

- Clic derecho sobre alguno de los elementos y elegir la opción "Actualizar software de controlador..."

- Elegir la opción "Buscar software de controlador en el equipo", como se muestra en la figura 2.

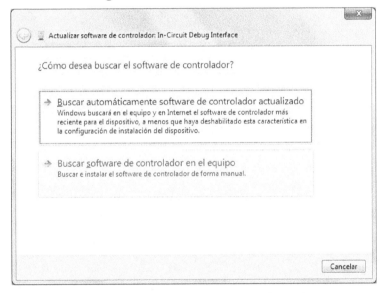

Figura 2: Buscar drivers en el equipo.

- Clic en el botón "Examinar..." y elegir la carpeta "stellaris_icdi_drivers".

- Habilitar la opción "Incluir subcarpetas"

- Clic en el botón "Siguiente"

- Después de unos momentos se visualizará un mensaje de la correcta instalación del software de controlador.

- Regresar a la ventana de "Administrador de dispositivos" y se debe observar el siguiente cambio:

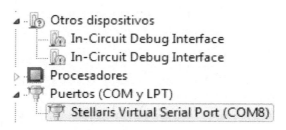

Figura 3: Resultado de los pasos anteriores.

- Repetir el proceso para los otros dos elementos.
- Como resultado final se debe ver lo siguiente:

Figura 4: Resultado de la instalación de los drivers.

b) Instalar Code Composer Studio 6.1

Code Composer Studio (CCS) es un entorno de desarrollo integrado para los microcontroladores de Texas Instruments que permite compilar, depurar y analizar aplicaciones embebidas. Se tienen ciertas limitantes en el tamaño de las aplicaciones con la licencia gratuita que se instala por defecto, pero no es necesario comprar una licencia para el desarrollo de los laboratorios de este manual.

El directorio a utilizar en esta sección es "CCS_6_1" y contiene lo siguiente:

- Tiva C Series Development and Evaluation Kits for CCS.pdf
- CCS6.1.2.00015_win32.zip

Descomprimir el archivo CCS6.1.2.00015 win32.zip en la unidad C: y se debe obtener el directorio "CCS6.1.2.00015_win32"

Pasos para la instalación

En el directorio "CCS6.1.2.00015_win32" ejecutar como administrador el archivo "ccs_setup_6.1.2.00015.exe"

- Después de leer el License Agreement, aceptar los términos y clic en el botón "siguiente".
- Seleccionar la familia de componentes a ser instalados, en este caso debe ser seleccionado 32-bit ARM MCUs y dentro de este menú despegable:

  ➢ Stellaris Device Support

- ➢ Tiva C Series Support
- ➢ TI ARM Compiler
- ➢ GCC ARM Compiler

Como se muestra en la figura 5:

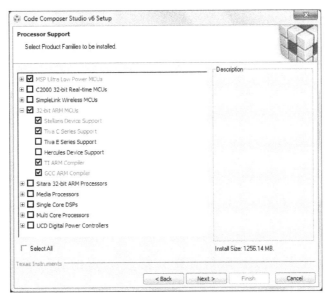

Figura 5: Componentes a instalar en CCS.

Como resultado final se debe observar un mensaje de instalación exitosa, y un icono del programa en el menú de programas instalados de Windows.

c) Instalar TivaWare

Es un conjunto de librearías para accesar a los periféricos que se encuentran en la familia de microcontrotroladores Tiva C. Creando un mecanismo que facilita el uso de los periféricos del dispositivo.

El directorio a utilizar en esta sección es "TivaWare" y contiene lo siguiente:

- Peripheral_driver_tivaware_user_guide.pdf
- SW-TM4C-2.0.1.11577.exe

Pasos para la instalación

- Ejecutar como administrador el archivo "SW-TM4C-2.0.1.11577", la instalación se logra con solo avanzar en el dialogo del wizard.

- En caso de que aparezca un mensaje de instalación incorrecta, basta con ejecutar el programa de instalación con la configuración recomendada que ofrece Windows.

Como resultado se debe observar una ventana con un mensaje de instalación exitosa.

3. Manejo Del Software CCS

Configurar Proyecto.

- Iniciar CCS.

- Seleccionar un workspace, elegir una ubicación fácil de recordar y dedicada para la tarjeta Tiva C. Registrar la ubicación seleccionada.

- Clic en la pestaña "File –> New –> CCSProject".

- Configurar la ventana emergente con los siguientes datos "Target: Tiva C Series", "Tiva TM4C123GH6PM" "Connection: Stellaris In-Circuit Debug Interface", como se muestra en la figura 6.

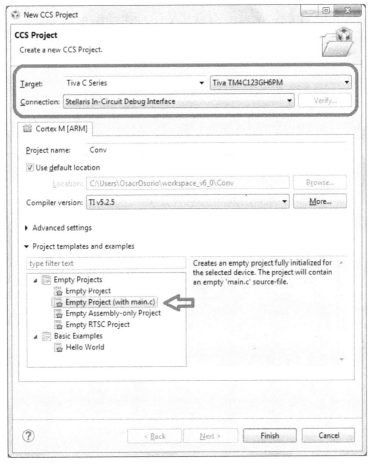

Figura 6: Datos iniciales de configuración.

- Establecer nombre de proyecto, por ejemplo: "Convolucion".

- Elegir Empty Project (with main.c).

- Click en el botón "Finish".

Como resultado se debe tener el nuevo proyecto en la parte izquierda de la ventana, como se muestra en la figura 7.

Figura 7: Proyecto Creado.

El proyecto ha sido creado, pero aún no está listo para cargarlo a la tarjeta, el siguiente paso es agregar una "PATH VARIABLE" y una "BUILD VARIABLE".

"PATH VARIABLE" se encarga de enlazar todos los recursos necesarios para poder usar las funciones de TivaWare durante la edición del proyecto, mientras que "BUILD VARIABLE" es necesario a la hora de realizar la compilación del proyecto.

Agregar "PATH VARIABLE".

- Click derecho sobre la carpeta del proyecto y elegir "Propierties".

- En la ventana "Propierties", click sobre el elemento "Linked Resources", situarse en la pestaña "Path Variables" y click en el botón "New...". La figura 8 ilustra este paso.

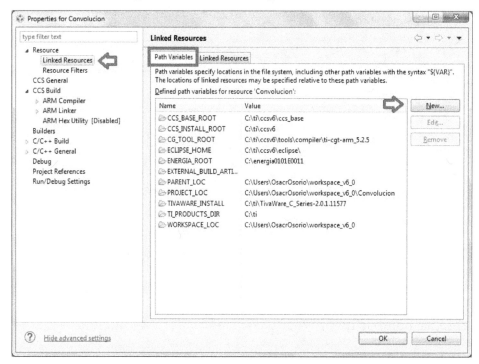

Figura 8: Agregar "PATH VARIABLE".

- En la ventana emergente ingresar "TIVAWARE_INSTALL" en el campo Name.

- Click en el botón "Folder…" y buscar la carpeta donde se instaló Tiva Ware. La figura 9 ilustra este paso.

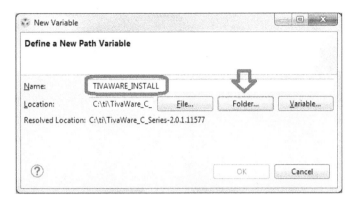

Figura 9: Establecer valor de PATH VARIABLE.

- Click en botón "Ok".

Como resultado se debe visualizar la nueva variable TIVAWARE_INSTALL, como en la figura 10.

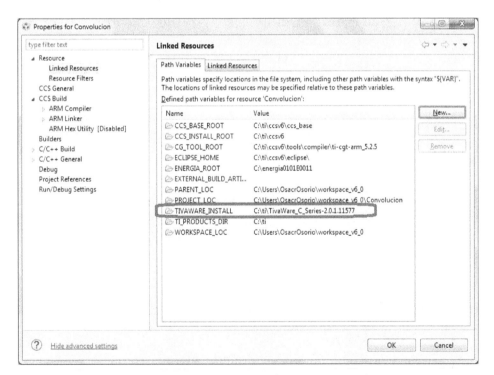

Figura 10: PATH VARIABLE agregada.

Agregar "BUILD VARIABLE".

- En la ventana "Propierties" click sobre el elemento "CCS Build" y situarse en la pestaña 'Variables'.
- Click en el botón "Add". La figura 11 ilustra estos dos últimos pasos.

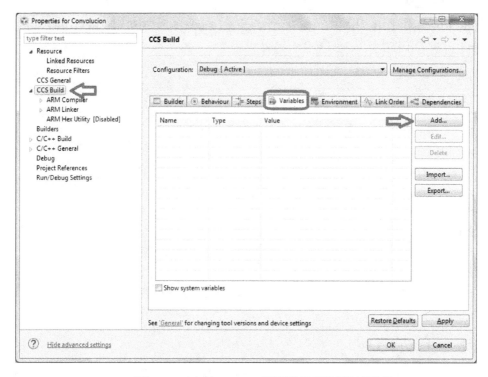

Figura 11: Agregar BUILD VARIABLE.

- En la ventana emergente "Define a New Build Variable" ingresar los datos como se muestra en la figura 12.

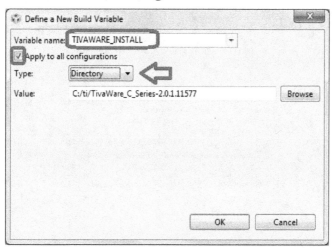

Figura 12: Definir datos de BUILD VARIABLE.

- Click en el botón "Ok".

Se debe observar la nueva variable "TIVAWARE_INSTALL" como se muestra en el figura 13.

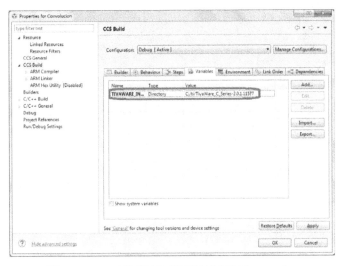

Figura 13: BUILD VARIABLE creada.

Como complemento de BUILD VARIABLE es necesario agregar el directorio de TivaWare en las opciones include del compilador.

- Situarse en el elemento "Include Options", click en el botón agregar, como se muestran en la figura 14.

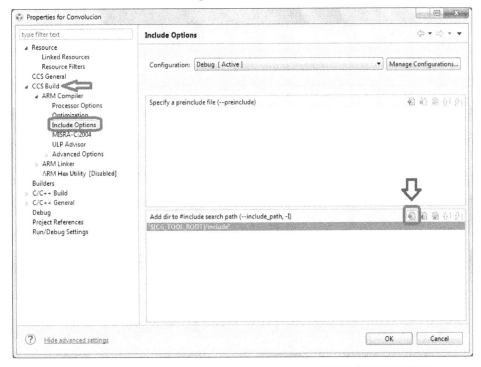

Figura 14: Agregar Include options de BUILD VARIABLE.

- En el ventana emergente "Add directory path" ingresar el texto ${TIVAWARE_INSTALL}, como se muestra en la figura 15, y clicks en el botón 'Ok' de esta ventana.

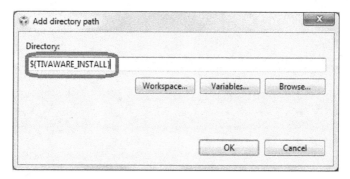

Figura 15: Configurar Include options de BUILD VARIABLE.

- Click en el botón "Ok" de la ventana "Propierties".

Lo siguiente es complementar el proyecto, enlazando el archivo "driver-lib.lib" al proyecto.

- Click derecho en el proyecto, elegir "Add Files..."

- Dirigirse al directorio de instalación de TivaWare y buscar el archivo ".../driverlib/ccs/Debug/driverlib.lib".

- En la figura 16 se muestra un ejemplo de donde se encuentra el elemento driverlib.lib.

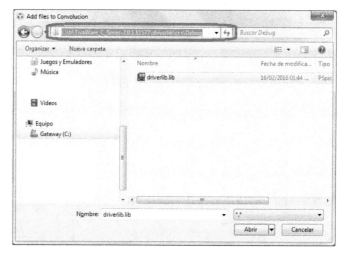

Figura 16: Agregar archivo driverlib.lib.

- Click en el botón "Abrir".

- En la ventana emergente "File Operation" ingresar los valores como se muestran en la figura 17.

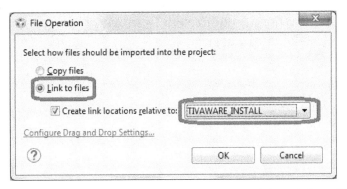

Figura 17: Opciones para agregar archivo driverlib.lib.

- Click en el botón "Ok".
- El resultado de los pasos anteriores se muestra en la figura 18 con el elemento driverlib.lib.

Figura 18: Archivo driverlib.lib en el proyecto.

Para asegurar que se tiene listo el proyecto listo para compilar, depurar y cargar en la tarjeta click en el botón "Debug" (icono de un insecto verde).

Después de unos momentos se debe visualizar una pantalla como la mostrada en la figura 19.

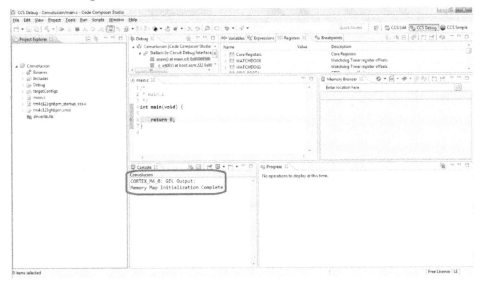

Figura 19: Proyecto cargado en la tarjeta.

Todos los pasos realizados hasta el momento deben ser repetidos para todo proyecto nuevo, pero se pueden omitir si el proyecto creado y configurado actualmente es copiado y pegado dentro del entorno CCS, de esta manera se tiene un proyecto base del cual partir.

4. Uso De La Tarjeta Tiva C En CCS

El TM4C123G LaunchPad Evaluation Kit es una plataforma de evaluación de bajo costo para microcontroladores basados en ARM Cortex-M4F de Texas Instruments. El diseño destaca el microcontrolador TM4C123GH6PM con una interfaz USB 2.0 y un módulo de hibernación, cuenta con botones programables y un LED RGB programable.

Características:

El kit de evaluación ARM Cortex-M4F basado en MCU TM4C123G LaunchPad (EK-TM4C123GXL) ofrece estas características:

- MCU alto rendimiento TM4C123GH6PM
- Microcontroladores ARM Cortex-M4 de 80MHz y 32 bits
- Flash de 256 KB, SRAM de 32 KB, EEPROM de 2 KB
- Dos módulos CAN
- USB 2.0 Host / Dispositivo / OTG + PHY
- Dual ADMS 2MSPS de 12 bits, Control PWM
- 8 (UART), 6 (I2C), 4 (SPI)
- Interfaz de depuración en el circuito a bordo (ICDI)
- Conector Micro USB B
- Aplicación precargada RGB

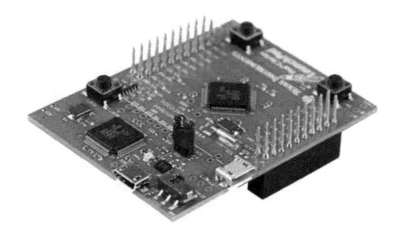

Figura 20: Tarjeta Tiva C TM4C123GH6PM.

Importación de proyectos en CCS

En el CCS, realizaremos la importación de un nuevo proyecto al wokspace por lo que damos clic derecho en el "Project Explorer", seleccionamos la opción de "Import" y seleccionamos "CCS Projects", como se muestra en la figura 21.

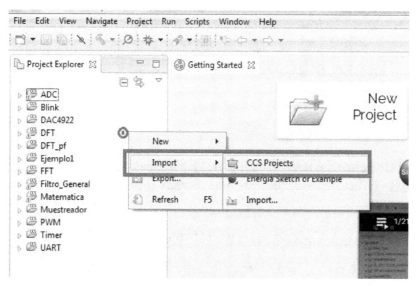

Figura 21: Importación de proyectos a CCS.

En la ventana emergente seleccionar la opción de "Browse...", en la siguiente ventana emergente buscar la ruta del proyecto, dar clic en "Aceptar", se mostrará en la lista de archivos el nombre del proyecto que se desea importar y dar clic en "Finish", como se muestra en la figura 22.

Nota: Si existe un proyecto en el workspace con el mismo nombre que el que se quiere importar, se generará un error que no permitirá la importación del proyecto además es importante verificar la versión del CCS en la que fue creado el proyecto para evitar errores de compatibilidad.

Nota: Link de descarga de proyectos: https://github.com/JLREY/Programas_Tiva_C.git

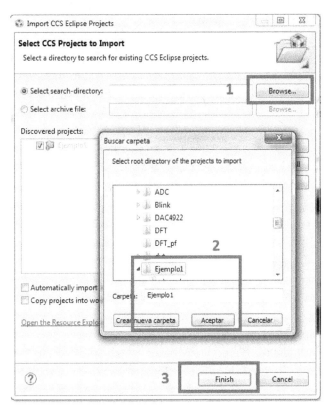

Figura 22: Pasos para importar el proyecto a CCS.

Utilización de lenguaje C en CCS

Para esta parte importamos el proyecto "Ejemplo1" al workspace que se encuentra dentro de la carpeta "Programas_Tiva_C" y desplegamos el contenido, como se muestra en la figura 23.

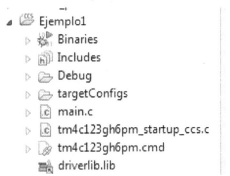

Figura 23: Contenido del proyecto Ejemplo1.

Dentro de este proyecto tenemos varios archivos, el archivo "main.c" es el archivo fuente del programa que se programara en la memoria del microcontrolador, lo abrimos dandole doble click como se muestra en la figura 24.

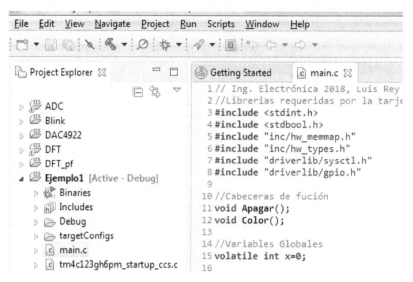

Figura 24: Visualización del programa principal "main.c".

Dentro del archivo "main.c", podemos observar que la estructura del código es como en cualquier programa en lenguaje C, ya que cuenta con las secciones de:

- Inclusión de las librerías requeridas para que la tarjeta pueda ejecutar el código, así como funciones dentro del código.

- Declaración de las cabeceras de función.

- Declaración de las variables globales.

- La función main y demás funciones implementadas.

Estructura básica de programa para Tiva C

Para poder ejecutar el código programado en la tarjeta, así como sus distintos periféricos y características es necesario tener en consideración la siguiente estructura:

1. Definición de la frecuencia del reloj del procesador.

2. Habilitación de los periféricos necesarios o requeridos para la tarea.

3. Configuración de cada dispositivo o modulo (ADC, Timer, Serial, etc.).

4. Configuración de las interrupciones (Opcional, solo si se utilizan en el código).

5. Habilitación y Activación de las interrupciones (individuales y el maestro).

6. Programación del código principal en el main y otras funciones.

7. Declaración de la rutina de cada interrupción y vinculación al dispositivo.

Nota: En este ejemplo solo se abordan los pasos 1,2 y 6.

Tipos de Datos en CCS.

Los tipos de datos son importantes para la manipulación de información entre los pasos de datos entre las variables, cada tipo de dato tiene una longitud mínima y máxima de almacenamiento en memoria temporal (RAM), los tipos de datos más utilizados en la programación en microcontroladores son: short, char, int, long, long long, float.

- int;   => 0 a 255 (int8)
- signed int;   => -127 a 127
- short;   => 0 o 1
- long int;   => 0 a 65535
- signed long; => -32767 a 32767
- float;   => número real de 32bit
- char c;   => carácter
- booleanos: => true o false
    - true = 1
    - true = 0

Los tipos de datos básicos que utiliza nuestro compilador son los siguientes:

Tipo	Rango (Unsigned)	Rango (Signed)	Tamaño
Int1	0 a 1	No aplicable	1 bit
Int8	0 a 255	-128 a 127	8 bits
Int16	0 a 65535	-32768 a 32767	16 bits
Int132	0 a 4294967295	-2147483648 a 2147483647	32 bits
Float32	-1.5x10^45 a 3.4x10^38	-1.5x10^45 a 3.4x10^38	32 bits

Sin embargo, el compilador CCS también admite los siguientes tipos de datos definidos en el estándar C y que son los que normalmente se utilizan a la hora de programar:

Todos los tipos excepto float son por defecto sin signo, aunque pueden llevar el especificador unsigned o signed y su rango de valores será el que corresponda a su tipo básico.

Tipo C Estándar	Equivalencia	Tamaño
Short	Int1	1 bit
Char	Int8	8 bit
Int	Int8	8 bit
Long	Int16	16 bit
Long Long	Int32	32 bit
Float	Float32	32 bit

Uso de las funciones básicas de Tiva Ware.

Para esto primero debemos conocer la plataforma de CCS, está dividida en cuatro partes principales; el panel de proyectos en donde aparece la lista de proyectos importados a CCS, el panel de edición donde se diseña el código principal, el panel de consola donde se muestra el proceso de construcción de proyecto y finalmente el panel de problemas donde se presentan los errores del programa principal, ver la figura 25.

Figura 25: Plataforma de trabajo en CCS.

Ahora procederemos a importar el proyecto "Blink" al workspace y desplegar el contenido, abrir el main.c en este archivo tenemos a la cabecera las librerías principales, luego la función básica de configuración del reloj del procesador y la configuración para el hardware gpio (pines de salida), en este caso utilizaremos el led RGB que tiene la tarjeta, posteriormente se envían datos de salida ingresando las diferentes combinaciones de colores y se realiza un delay de 1 segundo entre interacción, todo dentro de un bucle infinito.

Por lo que primero construiremos el programa dando le click al icono "Build" (es como un martillo), verificamos que la consola termine de compilar, luego revisamos el panel de problemas, en caso de haber problemas revisar los pasos para importar el proyecto, en caso contrario le damos click al icono "Debug" (es como un escarabajo verde), paramos la depuración haciendo click a un cuadro rojo y listo podremos visualizar en la tarjeta el cambio de colores del Led RGB.

Utilización de las interrupciones

Para la explicación del uso de las interrupciones, se utilizará el proyecto de "Muestreador", esto debido a que en este proyecto se requieren 2 interrupciones, una para al Timer y otra para el ADC.

En el explorador de Proyectos ("Proyect Explorer"), seleccionamos el proyecto, este se resaltará en negrita para mostrar que es el proyecto activo y al desplegar el contenido, buscamos el archivo "Muestreador.c", como se muestra en la figura 26.

Figura 26: Visualización del programa "muestreador.c".

En el código, contiene las librerías necesarias para el programa, también tenemos toda la sección de configuración del hardware, mediante una constante int "Freq" asignamos el valor de la frecuencia que trabajara.

Luego la siguiente función se configura el reloj de la tarjeta:

```
SysCtlClockSet(SYSCTL_SYSDIV_2_5|SYSCTL_USE_PLL|SYSCTL_OSC_MAIN|SYSCTL_XTAL_16MHZ);
```

Ahora habilitamos los pereféricos a ocupar, en este caso el Timer0 y el ADC0:

23

```
// *** Habilitación de periféricos
SysCtlPeripheralEnable(SYSCTL_PERIPH_ADC0);//Habilitacion del periferico ADC0
SysCtlPeripheralEnable(SYSCTL_PERIPH_TIMER0);//habilita el periferico del Timer 0
```

Para el ADC se tiene la siguiente configuración:

```
// *** ADC0
ADCHardwareOversampleConfigure(ADC0_BASE,1);
ADCReferenceSet(ADC0_BASE,ADC_REF_INT);
ADCSequenceConfigure(ADC0_BASE, 1, ADC_TRIGGER_TIMER, 0);
ADCSequenceStepConfigure(ADC0_BASE, 1, 0, ADC_CTL_CH1|ADC_CTL_IE|ADC_CTL_END);
ADCSequenceEnable(ADC0_BASE, 1);
```

Para el caso del Timer se tiene la siguiente configuración:

```
// *** Timer0
TimerConfigure(TIMER0_BASE, TIMER_CFG PERIODIC);
Periodo = (SysCtlClockGet())/Freq ;
TimerLoadSet(TIMER0_BASE, TIMER_A, Periodo);
TimerControlTrigger(TIMER0_BASE,TIMER_A,true);
```

También se encuentra un apartado para la configuración de las interrupciones:

```
// *** Interrupciones
ADCIntEnable(ADC0_BASE,1);
TimerIntEnable(TIMER0_BASE, TIMER_TIMA_TIMEOUT);
IntEnable(INT_TIMER0A);
IntEnable(INT_ADC0SS1);
```

Nota: En el código se comentan las principales funciones de cada línea, en caso de tener duda te invitamos a verificar la documentación del TivaWare donde se presentan los distintos parámetros de configuración de cada comando.

Una vez configuradas, habilitadas y activadas las interrupciones, es necesario habilitar el control global de interrupciones:

```
IntMasterEnable();//Permite que el procesador responda a las interrupciones
```

Ahora es necesario configurar la secuencia de interrupción, en el cual manejamos dos interrupciones una para el Timer y otra para el ADC.

```
void Timer0IntHandler(void) {//Secuencia de interrupción
    // Limpia la interrupción del timer
    TimerIntClear(TIMER0_BASE, TIMER_TIMA_TIMEOUT);
}

void ADC0SS1IntHandler(void){//Secuencia de interrupción
    ADCIntClear(ADC0_BASE, 1);//limpia el registro de interrupcion
    ADCSequenceDataGet(ADC0_BASE, 1, &ADC0Value); //asigna la lectura a la variable ADC0Value
}
```

Por último, se debe configurar el nombre de las interrupciones en el archivo: **"tm4c123gh6pm_startup_ccs.c"**, como se muestra en la figura 27.

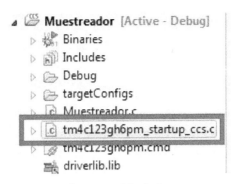

Figura 27: Archivo "tm4c123gh6pm_startup_ccs.c".

Ya abierto el archivo aproximadamente en la línea 42, comienza una sección en la que se deben ingresar los nombres de la secuencia de interrupción externa, que son las cabeceras de función que se definieron anteriormente, agregando "extern" a cada una:

```
43 extern void _c_int00(void);
44 extern void Timer0IntHandler(void);
45 extern void ADC0SS1IntHandler(void);
```

Para finalizar, se debe vincular la función al hardware, por lo que en el archivo **"tm4c123gh6pm_startup_ccs.c"** se debe buscar en la lista de interrupciones el hardware que se vinculara a la secuencia de interrupción. En la figura 28 se muestra que para este proyecto se utilizó el ADC0 con secuenciador 1 y el Timer0 subtimer A, por lo que en la lista remplazamos **"IntDefaultHandler"** por los nombres de nuestra secuencia de interrupción:

```
101    IntDefaultHandler,              // Quadrature Encoder 0
102    IntDefaultHandler,              // ADC Sequence 0
103    ADC0SS1IntHandler,              // ADC Sequence 1
104    IntDefaultHandler,              // ADC Sequence 2
105    IntDefaultHandler,              // ADC Sequence 3
106    IntDefaultHandler,              // Watchdog timer
107    Timer0IntHandler,              // Timer 0 subtimer A
108    IntDefaultHandler,              // Timer 0 subtimer B
```

Figura 28: Remplazo de los nombres en la secuencia de interrupción.

Finalmente, construimos el proyecto, verificamos el término de la consola y revisamos el panel de problemas, en caso de haber algún error necesitas verificar el código, posiblemente sea un error de sintaxis; o ₿, por otro lado, vuelve a realizar los pasos anteriores. Si la construcción del proyecto fue satisfactoria, es momento de cargar el archivo y revisar el funcionamiento del programa revisando la depuración que es el siguiente punto de este manual.

Nota: la lectura del ADC se realiza a través del PIN PE2 que es la entrada al canal 1, esto se puede visualizar en la hoja de instrucciones que viene incluida con la tarjeta.

Depuración en CCS

Ya con el codigo listo, se realizan los siguientes pasos:

Conectar y encender la tarjeta Tiva C en modo "Debug".

1. Construir el código, dando click en icono "Build" (es como un martillo), esperar que termine sin errores, puede que aparescan warnings pero estos no presisamente impiden el funcionamiento del programa, los que afectan son los errores y por lo general se despliegan en color rojo.

2. Ya construido el proyecto, dar click en el icono "Debug" (es como un escarabajo verde), con esto comenzara con la carga del código a la tarjeta, previamente conectada.

Figura 29: Pasos para realizar la depuración en CCS.

Una vez cargado el código, la interfaz cambiara a la de "Debug" o depuración. En la figura 30 se muestran las partes que lo conforman; los controles (resumen, pausa y termino, etc..), el área de depuración y también

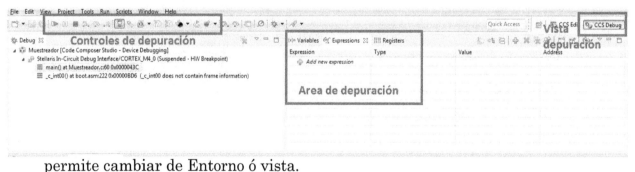

permite cambiar de Entorno ó vista.

Figura 30: Entorno de Depuración en CCS.

En el codigo es necesario colocar un "breakpoint", esto se hace dando doble click sobre el numero de la linea en el código en donde se quiera colocar, aparecera un puto azul en cual indica el breakpoint. Una vez colocado, damos click derecho sobre el punto y seleccionamos "breakpoint properties", nos abrira una venta en la cual seleccionamos en "Action" la opción de "Refresh All Windows", esto para poder observar las variaciones de los valores de las constantes e incluso poder graficarlas, si se omite, se tendra el comportamiento normal del breakpoint.

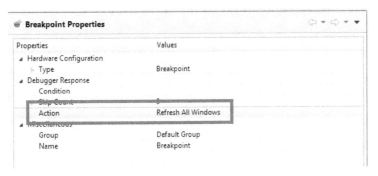

Figura 31: Configuración del BreakPoint.

Para poder visualizar el valor de las variables, se deben agregar al visualizador de expresiones en el "Área de depuración", seleccionando la variable deseada, dando click derecho y seleccionar "Add Watch Expression", le damos el nombre deseado y precionamos "Ok".

Figura 32: Configuración para agregar variables.

Esto agragara la variable con nombre deseado al "Área de depuración", si se desea graficar el valor de la variable, dar click derecho sobre esta y seleccionar "Graph".

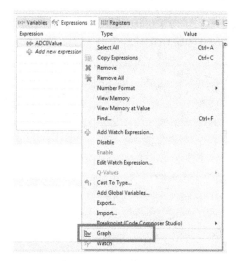

Figura 33: Configuración para graficar los datos.

Finalmente para comenzar con la depuracion, se tienen los "Controles de depuración", al dar click en "Resume" (triangulo verde), se comenzara la depuracion del programa, tambien se le puede dar pausa ó "Suspend" (barras amarillas).

Es importante destacar que al tener la tarjeta conectada depurando con la computadora, el sistema se vuelve lento y por lo cual los valores obtenidos no seran en tiempo real, para salir de la depuracion, dar click en Finalizar ó "Terminate" (cuadro rojo).

Muestreo en CCS

Para tomar muestras se cuenta con 2 formas básicas, muestreo continuo o sondeo y muestreo periódico, este último se controla en base al Timer con el cual es posible determinar una frecuencia de muestreo. El encargado de realizar la adquisición de los datos es el convertidor digital a analógico (ADC).

Relación de Frecuencia de Muestreo y Frecuencia Discreta.

La tasa o frecuencia de muestreo es el número de muestras por unidad de tiempo que se toman de una señal continua para producir una señal discreta, durante el proceso necesario para convertirla de analógica en digital. Como todas las frecuencias, generalmente se expresa en hercios (Hz, ciclos por segundo).

La teoría del muestreo define que, para una señal de ancho de banda limitado, la frecuencia de muestreo, fm, debe ser mayor que dos veces su ancho de banda B medida en Hertz [Hz].

$$fm > 2B$$

Supongamos que la señal a ser digitalizada es la voz...el ancho de banda de la voz es de 4,000 Hz aproximadamente. Entonces, su razón de muestreo será 2*B= 2*(4,000 Hz), es igual a 8000 Hz, equivalente a 8,000 muestras por segundo (1/8000). Entonces la razón de muestreo de la voz debe ser de al menos 8000 Hz, para que pueda regenerarse sin error.

La frecuencia 2*B es llamada la razón de muestreo de Nyquist. La mitad de su valor, es llamada algunas veces la frecuencia de Nyquist.

Limitaciones en ancho de banda en las entradas analógicas.

En este caso, la limitación del ancho de banda está definida por la frecuencia máxima de operación de la tarjeta a utilizar, en la Tiva C su frecuencia máxima es de 80 MHz, y por lo que el teorema de muestreo la máxima frecuencia a utilizar, para que nuestro sistema pueda recuperar una entrada sin errores es de 40 MHz, esto es idealmente, porque en la práctica; el tiempo de operación de los programas nos producen retardos, los cuales finalmente afectan al sistema en general.

Manejo del ADC

Muestreo por sondeo en ADC

Importamos el proyecto de "ADC" al workspace, en el que podemos observar que se tiene la inclusión de la librería para el ADC:

```
#include <stdint.h>
#include <stdbool.h>
#include "inc/hw_memmap.h"
#include "inc/hw_types.h"
#include "driverlib/debug.h"
#include "driverlib/sysctl.h"
#include "driverlib/adc.h"
```

Dentro del main; se tiene la configuración del reloj del procesador:

```
SysCtlClockSet(SYSCTL_SYSDIV_2_5|SYSCTL_USE_PLL|SYSCTL_OSC_MAIN|SYSCTL_XTAL_16MHZ);
```

La habilitación de periféricos ADC, la configuración del ADC base, la secuencia de muestreo, tipo de disparo y los pines a utilizar:

```
SysCtlPeripheralEnable(SYSCTL_PERIPH_ADC0);
ADCSequenceConfigure(ADC0_BASE, 1, ADC_TRIGGER_PROCESSOR, 0);
ADCSequenceStepConfigure(ADC0_BASE, 1, 0, ADC_CTL_CH1|ADC_CTL_IE|ADC_CTL_END);
ADCSequenceEnable(ADC0_BASE, 1);
```

Es necesario utilizar un tipo de dato uint32_t para guardar el valor que se obtenga del muestreo, el ADC es de 12 bits por lo que tiene un rango de 0 a 4095.

```
float valor;
uint32_t ADC0Value;
```

En el bucle se tiene la limpieza de la interrupción y después la activación para comenzar el muestreo que al terminar se guarda en un buffer que debe ser leído mediante la función "ADCSequenceDataGet".

```
ADCIntClear(ADC0_BASE, 1);
ADCProcessorTrigger(ADC0_BASE, 1);
while(!ADCIntStatus(ADC0_BASE, 1, false))
{}
ADCSequenceDataGet(ADC0_BASE, 1, &ADC0Value);
```

Finalmente, para el cálculo del valor real, se toma el valor obtenido del ADC y se multiplica por el voltaje de referencia (3.3) y divide entre la resolución máxima (4095).

```
valor = ADC0Value * 3.3 / 4095;
```

Ahora solo tenemos que construir el proyecto y cargarlo a la tarjeta, haciendo el uso de la depuración en CCS podremos visualizar el resultado obtenido por el ADC.

Muestreo periódico en el ADC

Importamos el proyecto de "Muestreador" al workspace, en el que podemos observar que se tiene la inclusión de la librería para el ADC y del Timer, así como de las interrupciones:

```
#include <stdint.h>
#include <stdbool.h>
#include "inc/hw_memmap.h"
#include "inc/hw_types.h"
#include "inc/hw_ssi.h"
#include "inc/tm4c1294ncpdt.h"
#include "driverlib/sysctl.h"
#include "driverlib/interrupt.h"
#include "driverlib/gpio.h"
#include "driverlib/pin_map.h"
#include "driverlib/timer.h"
#include "driverlib/debug.h"
#include "driverlib/sysctl.h"
#include "driverlib/ssi.h"
#include "driverlib/adc.h"
```

Dentro del main, se tiene la configuración del reloj del procesador.

```
SysCtlClockSet(SYSCTL_SYSDIV_2_5|SYSCTL_USE_PLL|SYSCTL_OSC_MAIN|SYSCTL_XTAL_16MHZ);
```

La habilitación de periféricos ADC y Timer:

```
// *** Habilitación de periféricos
SysCtlPeripheralEnable(SYSCTL_PERIPH_ADC0);
SysCtlPeripheralEnable(SYSCTL_PERIPH_TIMER0);
```

Se tiene la configuración del ADC base, la secuencia de muestreo, el disparo se configura por Timer:

```
// *** ADC0
ADCHardwareOversampleConfigure(ADC0_BASE,1);
ADCReferenceSet(ADC0_BASE,ADC_REF_INT);
ADCSequenceConfigure(ADC0_BASE, 1, ADC_TRIGGER_TIMER, 0);
ADCSequenceStepConfigure(ADC0_BASE, 1, 0, ADC_CTL_CH1|ADC_CTL_IE|ADC_CTL_END);
ADCSequenceEnable(ADC0_BASE, 1);
```

En el caso del Timer se configura por TimeOut, usando una constante int "Freq" a la que asignamos el valor de la frecuencia que trabajara, se calcula el periodo que es el tiempo que le tomara disparar al ADC:

```
// *** Timer0
TimerConfigure(TIMER0_BASE, TIMER_CFG_PERIODIC);
Periodo = (SysCtlClockGet())/Freq ;
TimerLoadSet(TIMER0_BASE, TIMER_A, Periodo);
TimerControlTrigger(TIMER0_BASE,TIMER_A,true);
```

También se incluyen la configuración de la interrupción, que engloba la habilitación del Timer y el ADC:

```
// *** Interrupciones
ADCIntEnable(ADC0_BASE,1);
TimerIntEnable(TIMER0_BASE, TIMER_TIMA_TIMEOUT);
IntEnable(INT_TIMER0A);
IntEnable(INT_ADC0SS1);
IntMasterEnable();
TimerEnable(TIMER0_BASE, TIMER_A);
```

En el main solo se tiene la conversión del valor obtenido, esto se realiza con una variable global:

```
valor = ADC0Value * 3.3 / 4095;
```

Debido a que la lectura se realiza en la secuencia de interrupción del ADC que es disparada por la interrupción del Timer, además de resetear la cuenta para la próxima lectura.

```
void Timer0IntHandler(void) {
    TimerIntClear(TIMER0_BASE, TIMER_TIMA_TIMEOUT);
}

void ADC0SS1IntHandler(void){
    ADCIntClear(ADC0_BASE, 1);
    ADCSequenceDataGet(ADC0_BASE, 1, &ADC0Value);
}
```

Como el caso anterior, construimos el proyecto y cargamos el archivo a la tarjeta, el resultado lo visualizaremos mediante la depuración de la variable "valor".

Comunicación Serial

La tarjeta cuenta con distintos tipos de comunicación serial como lo son UART, SPI e I2C, para la comunicación UART se requiere el uso de la terminal virtual para la comunicación, la cual se presenta a continuación.

Configuración de terminal en CCS

En el IDE de Code Composer, seleccionamos en la barra de menús "View" y en el menú desplegable la última opción de "Other...", como se muestra en la figura 34:

Figura 34: Pasos para encontrar la terminal virtual en CSS.

Esto nos desplegara una ventana en la que tenemos que buscar y seleccionar la "Terminal" y presionar el botón "Ok".

Figura 35: Selección de la terminal en CCS.

Una vez abierta la ventana de la terminal, se tiene que seleccionar la opción de configuración ("Settings").

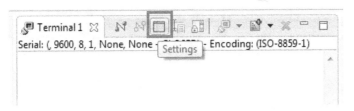

Figura 36: Búsqueda de la configuración de la terminal en CCS.

Con esto nos abrirá una ventana para las configuraciones, en esta hay que seleccionar el tipo de terminal, normalmente seleccionaremos el tipo "Serial".

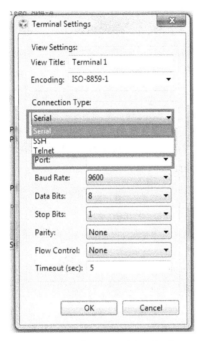

Figura 37: Ventana de configuración de la terminal en CCS.

Ahora solo falta seleccionar el puerto de conexión "Port" y configurar los parámetros de comunicación serial, estos dependen del programa.

Serial UART

Importamos el proyecto "UART" al workspace y desplegamos el contenido, donde se presentan las librerías para la configuración de la comunicación serial UART:

```
#include <stdint.h>
#include <stdbool.h>
#include "inc/hw_memmap.h"
#include "driverlib/gpio.h"
#include "driverlib/pin_map.h"
#include "driverlib/sysctl.h"
#include "driverlib/ssi.h"
#include "driverlib/uart.h"
```

Dentro del main se tiene la configuración del reloj del procesador:

```
SysCtlClockSet(SYSCTL_SYSDIV_5|SYSCTL_USE_PLL|SYSCTL_XTAL_16MHZ|SYSCTL_OSC_MAIN);
```

Se usa la función llamada "UART_Config" esta es la encargada de la inicialización de los periféricos requeridos, configuración de los GPIO (pines) para el Tx y Rx y la configuración de UART base, el reloj, la velocidad de transferencia (baudios), bits de parada, numero de bits, etc.

```
void UART_Config(void){
    // *** Habilitación de periféricos
    SysCtlPeripheralEnable(SYSCTL_PERIPH_UART0);
    SysCtlPeripheralEnable(SYSCTL_PERIPH_GPIOA);
    // *** Configuracion de PINES
    GPIOPinConfigure(GPIO_PA0_U0RX);
    GPIOPinConfigure(GPIO_PA1_U0TX);
    GPIOPinTypeUART(GPIO_PORTA_BASE, GPIO_PIN_0 | GPIO_PIN_1);
    // *** Configuracion del modulo UART
    UARTConfigSetExpClk(UART0_BASE, SysCtlClockGet(), 115200,
    (UART_CONFIG_WLEN_8 | UART_CONFIG_STOP_ONE | UART_CONFIG_PAR_NONE));
}
```

En el ciclo infinito "while" se verifica que existan datos en el buffer, en caso de que, si los haya, los lee y almacena en una variable char "c". Por otro lado, todo el tiempo se tiene un envió de caracteres por el puerto serial.

```
if (UARTCharsAvail(UART0_BASE))
    c = UARTCharGet(UART0_BASE); //Recepción de caracteres

UARTCharPut(UART0_BASE, c); //Envío de caracteres
```

Finalmente, construimos y depuramos el programa, a través de la configuración de la terminal en CCS podremos visualizar el envío de caracteres.

Serial SPI

Importamos el proyecto "DAC4922" al workspace y desplegamos el contenido, esta incluye las librerías necesarias para el manejo de la comunicación serial SPI:

```
#include <stdint.h>
#include <stdbool.h>
#include "inc/hw_memmap.h"
#include "inc/hw_ssi.h"
#include "inc/hw_types.h"
#include "driverlib/ssi.h"
#include "driverlib/gpio.h"
#include "driverlib/pin_map.h"
#include "driverlib/sysctl.h"
```

Dentro del main se tiene la configuración del reloj del procesador:

```
SysCtlClockSet(SYSCTL_SYSDIV_2_5|SYSCTL_USE_PLL|SYSCTL_OSC_MAIN|SYSCTL_XTAL_16MHZ);
```

Para utilizar el SPI se requiere de la habilitación de los periféricos SSI y del GPIO para los pines de salida.

En la función "DAC_Config", se configuran los pines de salida para el CLK, TX y SS, posteriormente se debe configurar el módulo SSI, al cual se le envía la base, el reloj, el modo, se configura a la tarjeta como maestro, y las velocidades para el dispositivo. Ya configurado se habilita el módulo.

```
void DAC_config(){
    // *** Habilitación de periféricos
    SysCtlPeripheralEnable(SYSCTL_PERIPH_SSI0);
    SysCtlPeripheralEnable(SYSCTL_PERIPH_GPIOA);
    // *** Configuracion de PINES
    GPIOPinConfigure(GPIO_PA2_SSI0CLK); // CLK pin
    GPIOPinConfigure(GPIO_PA5_SSI0TX);  // TX pin
    GPIOPinConfigure(GPIO_PA3_SSI0FSS); // SS pin
    GPIOPinTypeSSI(GPIO_PORTA_BASE, GPIO_PIN_2 | GPIO_PIN_5 | GPIO_PIN_3 );
    // *** Configuracion del modulo SSI
    SSIConfigSetExpClk(SSI0_BASE, SysCtlClockGet(),
                    SSI_FRF_MOTO_MODE_0, SSI_MODE_MASTER, 20000000, 16);

    SSIEnable(SSI0_BASE);
}
```

Para enviar el de datos, se utiliza "SSIDataPut" en la que se debe colocar la base del periférico SSI, la dirección del dispositivo y el dato que se desea enviar, posteriormente se espera a que finalice la transmisión.

```
SSIDataPut(SSI0_BASE, (0x3000 | muestras[ind]) & 0x3FFF); //Envío de datos
while(SSIBusy(SSI0_BASE)){} //Espera término de transmición
```

Finalmente, construimos y depuramos el proyecto, una vez cargado el programa necesitamos utilizar un DAC, nosotros utilizamos el MCP4922 con protocolo de comunicación SPI y es de 12 bits.

Nota: para este caso es necesario revisar el siguiente tema, debido a que se muestra la conexión del dispositivo con la tarjeta y con ello podremos visualizar en algún osciloscopio el funcionamiento del programa.

Generación de señales analógicas

El Convertidor Digital a Analógico (DAC), es el encargado de generar la señal analógica a partir de los datos digitales, este puede ser implementado mediante PWM y un filtro pasa bajas o un módulo de circuito integrado como el MC4922.

Realización de un DAC mediante PWM

Importamos el proyecto "PWM" al workspace y desplegamos el contenido, en este, después de la configuración del reloj de procesador, está la función de "pwm_config" que se encarga de realizar la configuración para el PWM.

El divisor de frecuencias es el que definirá la frecuencia a la que trabajara la señal, este puede ir desde 1, 2, 4, 8, 16, 32 y 64, después se habilitan los periféricos PWM y GPIO como pines PWM. Se envía la configuración para el generador PWM, la base y modos, así como el periodo de funcionamiento, finalmente se habilita el generador.

```c
void pwm_config(void){
        //Configura PWM Clock
        SysCtlPWMClockSet(SYSCTL_PWMDIV_64);
        //Habilita perifericos
        SysCtlPeripheralEnable(SYSCTL_PERIPH_GPIOF);
        SysCtlPeripheralEnable(SYSCTL_PERIPH_PWM1);
        //Configura PF1 Pin para PWM
        GPIOPinConfigure(GPIO_PF1_M1PWM5);
        GPIOPinTypePWM(GPIO_PORTF_BASE, GPIO_PIN_1);
        //Configura PWM Options
        PWMGenConfigure(PWM1_BASE, PWM_GEN_2, PWM_GEN_MODE_DOWN | PWM_GEN_MODE_NO_SYNC);
        //Set the Period (expressed in clock ticks)
        Periodo = SysCtlClockGet();
        PWMGenPeriodSet(PWM1_BASE, PWM_GEN_2, Periodo);
        //Set PWM duty-50% (Period /2)
        PWMPulseWidthSet(PWM1_BASE, PWM_OUT_5,Periodo/2);
        // Habilita el generador PWM
        PWMGenEnable(PWM1_BASE, PWM_GEN_2);
        // Enciende el pin de salida
        PWMOutputState(PWM1_BASE, PWM_OUT_5_BIT , true);
}
```

Para variar el ciclo de trabajo se tiene la función "pwm_set", quien se encarga de realizar los cálculos necesarios para modificar el ciclo de trabajo en base al porcentaje de recibido.

```c
void pwm_set(int x){
    float y=(float)x/100;
    PWMPulseWidthSet(PWM1_BASE, PWM_OUT_5,Periodo*y);
}
```

La señal de salida a través de uno de los pines de la tarjeta, pero en este caso la señal PWM (Modulación por Ancho de Pulso), es una señal cuadrada, a la cual podemos cambiar el ciclo de trabajo, es decir, el tiempo en que la señal se mantiene en alto, para este caso dentro del ciclo infinito "while (1)", habilitamos el pwm al 20, 40, 60, 80 y 95 por ciento del ciclo de trabajo.

```c
int main(void){
    SysCtlClockSet(SYSCTL_SYSDIV_2_5|SYSCTL_USE_PLL|SYSCTL_OSC_MAIN|SYSCTL_XTAL_16MHZ);
    pwm_config();

    while(1)
    {
        delayMS(1000);
        pwm_set(20);//Porcentaje del ciclo de trabajo
        delayMS(1000);
        pwm_set(40);
        delayMS(1000);
        pwm_set(60);
        delayMS(1000);
        pwm_set(80);
        delayMS(1000);
        pwm_set(100);
        delayMS(100);
        pwm_set(95);
    }

}
```

La señal PWM la pasamos a través de un filtro pasa bajas, como lo es un circuito RC, conformado por un capacitor de 1uF y una resistencia de 150kΩ como se muestra en la siguiente figura:

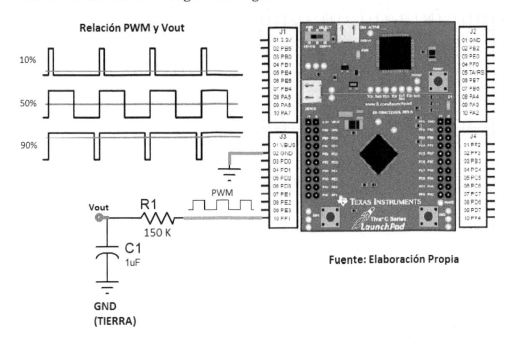

Fuente: Elaboración Propia

Figura 38: Circuito de un DAC mediante PWM.

En la figura 39, se muestra una gráfica obtenida en el osciloscopio, en la cual la señal azul es la salida PWM de la tarjeta con un porcentaje de 90%, la señal amarilla es la salida del circuito integrador RC, por lo que podemos ver la señal obtenida se atenúa y se muestra una señal aproximadamente a su equivalencia entre 0 - 3.3 volts.

Por ello, su utilización no es muy optima, ya que existen perdidas por la atenuación del filtro, en otras palabras, para un valor aproximado al 100% del pulso, el voltaje que proporcionará a la salida del filtro no será alrededor de los 3.3 volts. Una alternativa para reducir las pérdidas, es utilizar un filtro pasa bajas de mayor orden y complejidad.

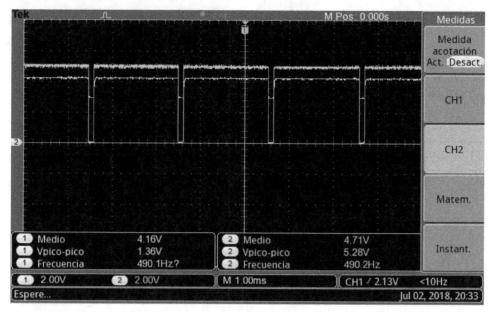

Figura 39: Grafica de la salida PWM y la salida del Integrador RC.

Uso de un DAC en circuito integrado

El MC4922 es un DAC en circuito integrado con comunicación SPI, con una resolución de 12 bits, por lo que se ajusta totalmente al ADC de la Tiva que también es de 12 bits, su frecuencia máxima es de 20 M lo que nos permite generar señales con frecuencias en el orden de kilo hercios sin problema.

Importamos el proyecto "DAC4922" al workspace y desplegamos el contenido, después de la configuración del reloj de procesador, se tiene la función encargada de configurar el módulo SSI (ver **SERIAL SPI**) "DAC_config".

```c
void DAC_config(){
    // *** Habilitación de periféricos
    SysCtlPeripheralEnable(SYSCTL_PERIPH_SSI0);
    SysCtlPeripheralEnable(SYSCTL_PERIPH_GPIOA);

    // *** Configuracion de PINES
    GPIOPinConfigure(GPIO_PA2_SSI0CLK); // CLK pin
    GPIOPinConfigure(GPIO_PA5_SSI0TX);  // TX pin
    GPIOPinConfigure(GPIO_PA3_SSI0FSS); // SS pin
    GPIOPinTypeSSI(GPIO_PORTA_BASE, GPIO_PIN_2 | GPIO_PIN_5 | GPIO_PIN_3 );

    // *** Configuracion del modulo SSI
    SSIConfigSetExpClk(SSI0_BASE, SysCtlClockGet(), SSI_FRF_MOTO_MODE_0,
                                SSI_MODE_MASTER, 20000000, 16);
    SSIEnable(SSI0_BASE); // Habilitacion de SSI0
}
```

Este ejemplo genera una señal sinusoidal a partir de muestras guardadas en un vector de 16 muestras.

```c
const uint32_t muestras[16]={2048, 2832, 3496, 3940, 4095,3940,
            3496, 2832, 2048, 1264, 600, 156, 0, 156, 600, 1264};
```

Él envió de cada muestra se realiza continuamente dentro del bucle infinito, el dato debe ser del tipo uint32_t por la resolución.

```
SSIDataPut(SSI0_BASE, (0x3000 | muestras[ind]) & 0x3FFF); //Envio de datos
while(SSIBusy(SSI0_BASE)){} //Espera termino de transmicion
```

La conexión básica del integrado MC4922 se realiza de la siguiente forma:

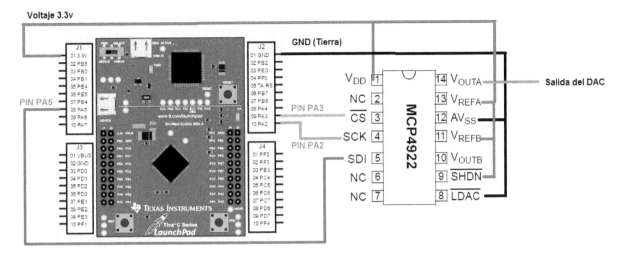

Figura 40: Circuito de conexión entre la Tarjeta Tiva C y el DAC MCP4922.

A continuación, se presenta un diseño de nuestra propia autoría llamado "DACMCP", el cual fue elaborado para placa de circuito impreso en el software "Eagle Cad", este funciona tanto con alimentación única de la tarjeta Tiva o con una etapa de acoplamiento de cargas con un seguidor de voltaje el cual nos puede proporcionar una ganancia en corriente y mejor resolución.

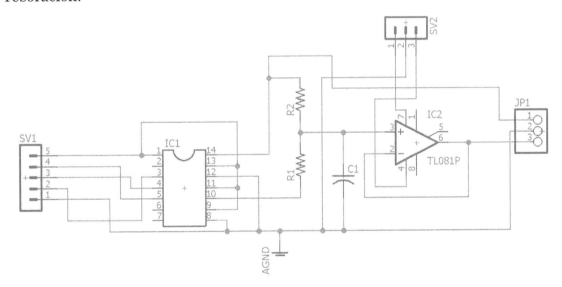

Figura 41: Esquema del diseño del circuito impreso.

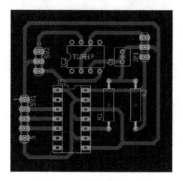

Figura 42: Visualización del circuito impreso.

5. Filtros Digitales aplicados a señales analógicas

Uso de la aplicación Filter Design & Analysis

Para diseñar los filtros podemos utilizar la herramienta de MATLAB "Filter Design & Analysis", en el cual se realizan los siguientes pasos:

1. Seleccionar el tipo "IIR"

2. Seleccionar "Specify Order" e ingresar el orden deseado.

3. Configurar las especificaciones de frecuencia.

4. Diseñar el filtro.

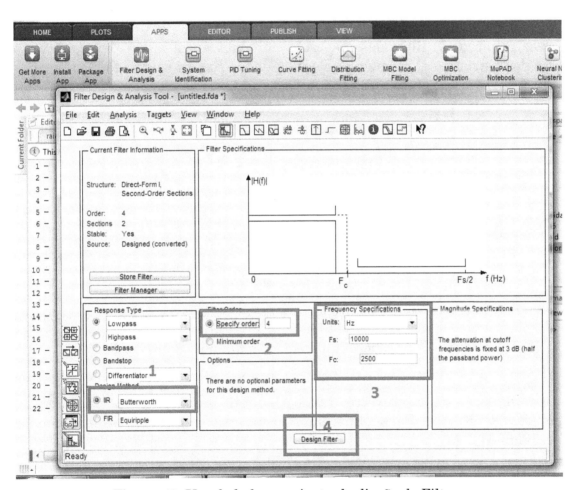

Figura 43: Uso de la herramienta de diseño de Filtros.

En el diseño del filtro puede ser necesario querer cambiar o establecer un tipo de estructura definido esto se puede hacer dando clic derecho sobre la información del filtro generado y seleccionar la opción "Convert Structrure".

También es necesario que el filtro este en una sola etapa por lo que se selecciona la opción de "Convert to Single Section".

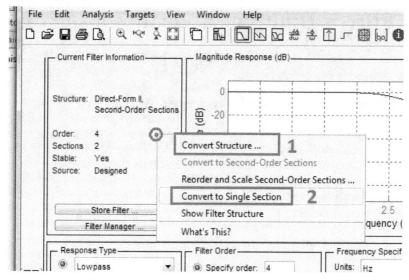

Figura 44: Conversión de la estructura de datos del Filtro.

Una vez generado el filtro deseado, seleccionamos en el menú "Targets" la opción de "Generate C Header", seleccionamos "Export suggested", damos clic en "Generate" y guardamos el archivo creado.

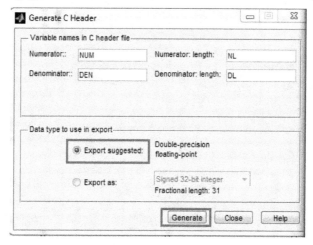

Figura 45: Pasos para generar un archivo en C con los datos del Filtro.

En CCS, importamos el proyecto "Filtro_General" damos clic derecho sobre el proyecto y en "Add Files", buscamos el archivo generado y lo abrimos. Seleccionamos la opción "Copy files".

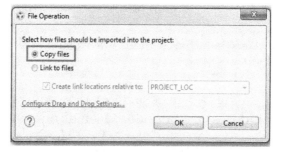

Figura 46: Agregar un archivo en C al proyecto.

Nota: Si ya existe un archivo con el mismo nombre en el proyecto, es necesario eliminarlo del proyecto antes de añadir el nuevo archivo.

Abrimos el archivo añadido y comentamos el #include "tmwtypes.h" colocando "//" al inicio de la línea y cambiamos el tipo de dato "real64 T" por el tipo "double".

```
16
17 /* General type conversion for MATLAB generated C-code */
18 #include "tmwtypes.h"
19 /*
20  * Expected path to tmwtypes.h
21  * C:\Program Files\MATLAB\R2013b\extern\include\tmwtypes.h
22  */
23 const int NL = 5;
24 const real64 T NUM[5] = {
25      0.09398085143379,   0.3759234057352,   0.5638851086028,   0.3759234057352,
26      0.09398085143379
27 };
28 const int DL = 5;
29 const real64 T DEN[5] = {
30                      1,-2.760046438142e-16,   0.4860288220683,-5.788241261996e-17,
31      0.01766480087244
32 };
33
```

Figura 47: Modificación del archivo agregado al proyecto.

En el código principal del filtro, agregamos el archivo como una librería más:

#include "nombreArchivo.h"

Con esto ya podemos utilizar los coeficientes generados por matlab numerador y denominador de la función del Filtro, que se guardan en arreglos en el código generado.

Estructura de un Filtro

En CCS, importamos el proyecto "Filtro_General" que integra mediante la función "configurar", la habilitación de periféricos, del ADC, del Timer, de los puertos GPIO, de la comunicación SPI para el DAC que ya se han explicado anteriormente.

El Filtro General, está constituido por la implementación de la función de transferencia del filtro realizado en Matlab, el cual consta de dos polinomios; el numerador y denominador, para lo cual dentro del main, se construyen dos arreglos x[n] y y[m] respetivamente, siendo n y m el número de variables en diferencias que contiene a función de transferencia.

```
double x[N]={0};
double y[N]={0};
```

Además, al obtener las constantes del filtro realizado, lo exportamos dentro del proyecto principal, en este ejemplo el archivo se llama "fdacoefs.h".

```
#include "fdacoefs.h"
```

Asignamos los dos arreglos; NUM [N] para el caso del numerador y DEN [N] para el del denominador que se muestran a continuación:

```
const int NL = 21;
const double NUM[21] = {
  2.867384400357e-12,5.734768800714e-11,5.448030360678e-10,3.268818216407e-09,
  1.389247741973e-08,4.445592774313e-08,1.111398193578e-07,2.222796387157e-07,
   3.61204412913e-07, 4.81605883884e-07,5.297664722723e-07, 4.81605883884e-07,
   3.61204412913e-07,2.222796387157e-07,1.111398193578e-07,4.445592774313e-08,
  1.389247741973e-08,3.268818216407e-09,5.448030360678e-10,5.734768800714e-11,
  2.867384400357e-12
};
const int DL = 21;
const double DEN[21] = {
                 1,   -11.99378017162,    69.41165644869,   -257.3693258566,
     684.9148471655,   -1389.21626524,    2226.486426182,    -2885.15331847,
     3068.102191284,  -2702.317142789,    1981.137693847,   -1210.501541604,
     615.1008807534,  -258.4187123042,     88.8556606349,    -24.61260608736,
     5.361835809716, -0.8851266245437,  0.1041357771743,-0.007783676685313,
  0.0002779267153158
};
```

Dentro del main, al realizar la lectura del ADC a través de la variable "ADC0Value", asignamos el valor de la entrada a x [0] y la salida del filtro se asignará a y [0], el cual despejamos a partir de la ecuación de diferencias, como se muestra:

```
x[0]=(double) ADC0Value;
y[0]=(x[0]*NUM[0]+...+x[N]*NUM[N]-(y[1]*DEN[1]+...+y[N]*DEN[N]))/DEN[0];
```

Finalmente, enviamos valor de y [0] mediante la comunicación SPI al convertidor DAC, que en este caso es la salida y guardamos el valor obtenido en el valor anterior y [1], el valor de y [1] pasa al de y [2] y así sucesivamente, esto se realiza en el arreglo y[N] y x[N], con el fin de que para el siguiente valor existan datos anteriores y se realice de manera correcta el procedimiento del filtrado.

```
uint32_t salida = (uint32_t)y[0];
SSIDataPut(SSI0_BASE, (0x3000 | salida ) & 0x3FFF); //Envio de datos DAC
while(SSIBusy(SSI0_BASE)){} //Espera termino de transmicion
```

Efecto Aliasing

Si se utiliza una frecuencia menor a la establecida por el teorema de Nyquist, se produce una distorsión conocida como aliasing; algunos autores traducen este término como solapamiento. El aliasing impide recuperar correctamente la señal cuando las muestras de ésta se obtienen a intervalos de tiempo demasiado largos. La forma de la onda recuperada presenta pendientes muy abruptas como se puede observar en la siguiente imagen; la línea de color amarillo es la señal de entrada y la de color azul es la señal de salida, en este caso la señal de entrada es de 8kHz, por lo que es mucho mayor que la frecuencia de muestro, lo que produce el efecto aliasing distorsionado la señal de salida.

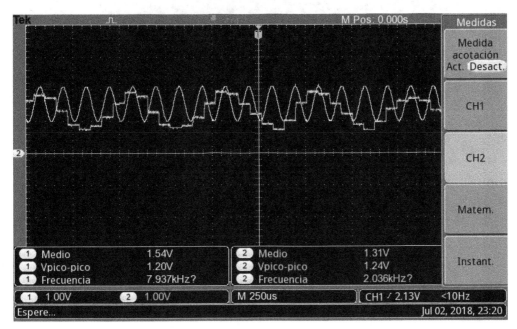

Figura 48: Visualización del Efecto Aliasing.

Para eliminar el aliasing, los sistemas de digitalización incluyen filtros paso bajo, que eliminan todas las frecuencias que sobrepasan la frecuencia crítica (la que corresponde a la mitad de la frecuencia de muestreo elegida) en la señal de entrada. Es decir, todas las frecuencias que queden por encima de la frecuencia máxima a muestrear seleccionada, son eliminadas.

El filtro paso bajo para este uso concreto recibe el nombre de filtro antialiasing. Sin embargo, abusar de los filtros antialiasing, puede producir el mismo efecto que se quiere evitar. En la siguiente figura se muestra el uso de este tipo de filtros; la línea de color amarillo es la señal de entrada y la azul es la salida del filtro, como se puede apreciar a una frecuencia mayor que la frecuencia de muestreo la señal es atenuada en amplitud.

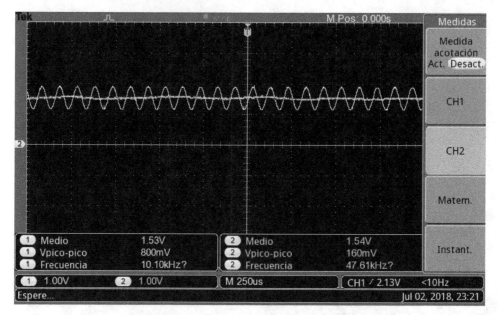

Figura 49: Uso de un filtro antialiasing.

Por otra parte, la siguiente figura muestra el comportamiento de un filtro con una señal de entrada con frecuencia menor que la frecuencia de muestreo (señal amarilla) y la salida presenta un desfasamiento respecto a la señal original, además de perdida de resolución, esto es debido a la configuración del filtro (señal azul) que se diseñó con la ayuda de la aplicación de Matlab.

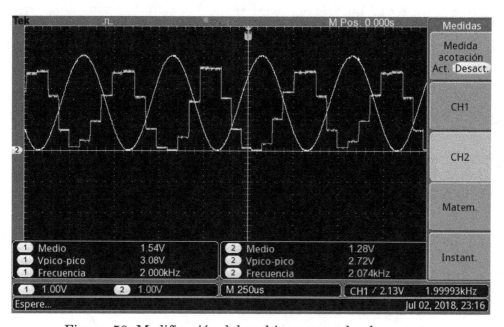

Figura 50: Modificación del archivo agregado al proyecto.

6. Transformada Discreta de Fourier (DFT).

Cálculo de la DFT

En el caso de la transformada discreta de Fourier (DFT), realizamos dentro del programa, una función para el cálculo de los valores de la exponencial para n términos llamada "FT_cte", los cuales se utilizarán más adelante para realizar los cálculos en cada interacción y otra para el cálculo del valor complejo llamada "complejo". Se decidió realizarlos desde el principio con el fin de evitar pérdidas de tiempo de ejecución del programa.

```c
void FT_cte(void){
    int k;
    int n;
    for (k=0; k<N ; k++){
        for (n=0;n<N;n++){
            e_r[k][n]= cosf((2*pi/N)*k*n);
            e_i[k][n]= sinf((2*pi/N)*k*n)*(-1);
        }
    }
}

void complejo(float x, float y){
    magnitud=sqrt(powf(x,2)+powf(y,2));
    fase= atan (y/x);
}
```

Utilizamos dos arreglos, uno para la parte real y otro para la parte imaginaria, en este caso denotado por "y_r[n]" y "y_i[n]" respectivamente, siendo n el número de datos del arreglo principal, en este caso fue de 32.

```c
float y_r[N];
float y_i[N];
```

Después dentro del main, realizamos la configuración del reloj, así como la configuración de los pereféricos que hasta este punto hemos venido trabajando. Además agregamos la habilitación de la unidad de punto flotante "FPUEnable".

```c
//=========================================FPU
FPUEnable();
FPULazyStackingEnable();
//=========================================Tick
uint32_t ui32Value;
SysTickPeriodSet(1);
SysTickEnable();

FT_cte();
ui32Value = SysTickValueGet();
int ttr=0;
//=========================================
```

A través de un recorrido en el arreglo de n elementos, realizamos los cálculos para cada uno de los elementos leídos por el valor obtenido del ADC de la tarjeta, que al final realizamos la operación para obtener el valor de la magnitud, que es la raíz cuadrada de la suma de los cuadrados del valor real e imaginario en un arreglo denotado "sabsDFT[k]", el cual tiene el resultado de la DFT.

```
while(1)  {
    if(rec>=N){
        for(k=0;k<N;k++){
            y_r[k]=0;
            y_i[k]=0;
            absDFT[k]=0;
            for(n=0;n<N;n++){
                y_r[k]=y_r[k] +x1[n]*e_r[k][n];
                y_i[k]=y_i[k] +x1[n]*e_i[k][n];
            }
            x=powf(y_r[k],2)+powf(y_i[k],2);
            absDFT[k]=sqrt(x);
        }

        for(k=0;k<N/2;k++){
            sabsDFT[k]=absDFT[(N/2)+k];
            sabsDFT[k+(N/2)]=absDFT[k];
        }
        rec=0;
        UARTCharPut(UART0_BASE, 0x7E);
        for(n=0;n<N;n++){
            char *data=(char *)&sabsDFT[n];
            for(k=0; k<4*N; k++){
                UARTCharPut(UART0_BASE, data[k]);
            }
        }
    }
}
```

Con el término de las operaciones, mediante la habilitación del puerto serial, enviamos los datos por comunicación UART a Matlab, en donde graficamos estos valores y por consiguiente observamos la frecuencia de la señal de entrada, esto depende del Teorema de muestreo y también se puede observar el efecto aliasing, que se ha estado trabajando en temas anteriores.

Cálculo de la FFT

En el caso de la transformada rápida de Fourier (FFT), solo se realizó el cambio en el código del main, dejando la configuración del reloj y de los periféricos como el programa para el cálculo de la DFT.

Entonces a través de un recorrido en el arreglo de m elementos, siendo m el valor de datos alojados en la variable "div", el cual permite reducir la implementación del código de la DFT, realizamos los cálculos para cada uno de los elementos leídos por el valor obtenido del ADC de la tarjeta, que al final realizamos la operación para obtener el valor de la magnitud, que es la raíz cuadrada de la suma de los cuadrados del valor real e imaginario en un arreglo denotado "sabsFFT[k]", el cual tiene el resultado de la FFT.

```
while(1)  {
    if(rec>=N){
        y1[0]=x1[1];
        y1[1]=x1[N/2+1];

        for(k=0;k<N/div;k++){
            y_r[k]=0;
            y_i[k]=0;
            absFFT[k]=0;
            for(n=0;n<N;n++){
                y_r[k]=y_r[k] +x1[y1[k]]*e_r[k][n];
                y_i[k]=y_i[k] +x1[y1[k]]*e_i[k][n];
            }
            x=powf(y_r[k],2)+powf(y_i[k],2);
            absFFT[k]=sqrt(x);
        }

        for(k=0;k<N/2;k++){
            sabsFFT[k]=absFFT[(N/2)+k];
            sabsFFT[k+(N/2)]=absFFT[k];
        }

        rec=0;
        UARTCharPut(UART0_BASE, 0x7E);
        for(n=0;n<N;n++){
            char *data=(char *)&sabsFFT[n];
            for(k=0; k<4*N; k++){
                UARTCharPut(UART0_BASE, data[k]);
            }
        }
    }
}
```

Como en el caso anterior mediante la habilitación del puerto serial, enviamos los datos por comunicación UART a Matlab, en donde graficamos estos valores y por consiguiente observamos la frecuencia de la señal de entrada, esto depende del Teorema de muestreo y también se puede observar el efecto aliasing, que se ha estado trabajando en temas anteriores.

7. Links de descarga

Proyectos de ejemplo

https://github.com/JLREY/Programas_Tiva_C.git

Code Composer Studio

https://software-dl.ti.com/ccs/esd/documents/ccs_downloads.html

Tiva Ware y drivers

https://github.com/JLREY/Software_instalar_Tiva_C.git

www.ingramcontent.com/pod-product-compliance
Lightning Source LLC
LaVergne TN
LVHW081806050326
832903LV00027B/2115